Friedrich Karl Barth

Flügel im Augenblick

W0176929

ISBN 978-3-89912-126-1

Dieses Werk einschließlich aller seiner Teile
ist urheberrechtlich geschützt.
Jede Verwertung außerhalb der engen Grenzen
des Urheberrechtsgesetzes ist ohne Zustimmung
des Verlages unzulässig und strafbar.
Das gilt insbesondere für Vervielfältigungen,
Übersetzungen, Mikroverfilmungen
und die Einspeicherung und Verarbeitung
in elektronischen Systemen.

© 2009 Strube Verlag GmbH, München
© Portrait 1994: Inge Werth
Umschlag: Renate Schlicht, Frankfurt, unter
Verwendung eines Fotos von FKBarth
Satz: Strube Verlag, München
Druck und Weiterverarbeitung:
AZ Druck und Datentechnik, Kempten
Printed in Germany
April 2009

www.strube.de
info@strube.de

Friedrich Karl Barth

Flügel
im Augenblick

Strube
Edition 9078

© Inge Werth

Vorwort

Im Jahr 1964 beginnen Peter Horst und ich gemeinsam, liturgische Texte für den eigenen Gebrauch zu schreiben. Das haben wir gut zwei Jahrzehnte während vieler mönchischer Klausuren in Bad Hersfeld, Frankfurt, Göttingen, Kassel und Telgte fortgesetzt.

Unser Tauflied „Kind, du bist uns anvertraut“ auf Ahles schöne Melodie bahnt einen Weg, die eigene Sprache auch ins Lied zu bringen.

Die LITURGISCHE NACHT 1973 in Düsseldorf begründet unsre Freundschaft mit Peter Janssens.
Und seitdem geht es dann rund: Wir haben das Glück, unsere Veranstaltungen gemeinsam zu erfinden, unter die Leute bis an die Ränder zu bringen. Wir haben es gerne getan. In nomine.

Versammelt sind hier unser beider wie meine Texte für Lieder in jeder Gestalt so, wie wir sie brauchen, um unsers Lebens Erfahrungen im Gesang miteinander zu vertiefen.

„So ist's ja besser zu zweien als allein; und eine dreifache Schnur reißt nicht leicht entzwei.“ Prediger 4,9/12. Ich gedenke meiner beiden Peter, der eine 1998 in Telgte, der andere 2008 in Kassel begraben.

Es ist schön, ein letztes Mal das Feld bestellen zu können. Dafür danke ich Friedemann Strube, der diesen Band in seinem Verlag herausgibt.

Mag sein, Sie betrachten, was wir machten; mag sein, Sie haben was davon. Das wünsche ich Ihnen so wie mir.

Friedrich K. Barth

am 07. Februar 2009

Schlüssel

Jahreszahlen weisen meine Texte aus und ordnen sie biographisch. Ein Gleiches gilt für die gemeinsam verfassten Texte. Gemeinsam gezeichnete Texte („FKB&PH") verweisen auf gemeinsame Textarbeit und einvernehmliche Freigabe zur Komposition. Zwei Jahreszahlen markieren einmal Erstveröffentlichung meines Textes und zum anderen dessen letzte Überarbeitung. Jahreszahlen in Klammern verweisen darauf, daß ich einen gemeinsam verabschiedeten Text für diese Vorlage nach Peter Horsts Tod in unserem Sinn geringfügig bearbeitet habe.
„Ein jeder braucht sein Brot ..." (S. 32) wurde als amerikanisches Volkslied vom „Bread and Puppet Theater" nach Frankfurt gebracht. Dessen deutsche Fassung haben Dr. Trautwein und ich während eines Spaziergangs im Stadtwald Frankfurt wie vorgelegt getextet und verabschiedet.
„Himmlischer Morgen ..." (S. 54) ist ein eigenständiger deutscher Text zu „Morning has broken" von Cat Stevens auf eine gälische Melodie; von Dr. Hermann und daraufhin von mir überarbeitet so vorgelegt.
Die Texte mit südamerikanischem und auch mittelamerikanischem Hintergrund sind so gearbeitet, dass sie für unsere Lebensumstände anschaulich werden, also keine Übersetzungen sondern Bilder ebenso über uns. Die Anregungen hat Dorival Ristoff gegeben, der meine Texte gegenläufig nutzt.
Im PETER JANSSENS MUSIK VERLAG TELGTE sind Peter Janssens' Vertonungen unserer Texte vorrätig, sowohl als Noten wie auch eingespielt auf CD.

FKB = Friedrich Karl Barth / SMB = Susanne Marietta Barth / UB = Ursula Barth / WH = Dr. Wolfgang Hermann, Geilnau / PH = Peter Horst / DR = Dorival Ristoff, Brasilien / DT = Dr. Dieter Trautwein.

Unseren Kindern

„Unbeschwerter Leser,
auch ohne Eid darfst du mir glauben,
wie sehr ich mir wünschte,
dies Buch, dies Kind meines Geistes,
wäre das schönste, stolzeste und klügste,
das man sich nur denken kann.
Und doch entkam ich nicht dem Gesetz der Natur,
nach dem ein jedes seinesgleichen zeugt."

Miguel de Cervantes Saavedra

ALLE LU JA, ALLE LU JA,
alle lu Ja, alle lu Ja,
alle lu Ja, alle lu Ja.

Du lässt mich sein.
Du spannst mich ein.
Du hebst mich auf.

Du machst mich stark.
Du machst mich schwach.
Du hältst mich aus.

Dich suche ich.
Dich find ich nicht.
Bist mir voraus.

So schau ich Dich.
So trau ich Dir.
Ich fürcht mich nicht.

2004

Am Ende seiner Wege
sieht er die Stadt und weint.
Dort leben, die ihn fangen
wie einen argen Feind. –
Ach könntet ihr erkennen,
was euch zum Leben dient.
Ihr ließet ihn nicht töten,
doch euer Hass macht blind.

Wir schmieden ihre Pläne:
Geh in die Falle, komm.
Wir stellen kluge Fragen
und tun, als wär'n wir fromm. –
Er kennt unsre Geschichten,
durchschaut das falsche Spiel:
Wir werden ihn vernichten
und sind nicht weit vom Ziel.

Man nimmt sich einen Schwachen
und ködert ihn mit Geld.
Der wird den Freund verraten,
die Fänger sind bestellt. –
Wir reiben uns die Hände,
bald geht die Rechnung auf.
So tückisch kommt die Wende;
Verrat nimmt seinen Lauf.

Der Gute lädt die Freunde
zu seinem letzten Mahl.
Die Stunde ist gekommen,
man feiert sie im Saal:
Er bricht das Brot zum Leben
und teilt es ihnen aus;
er schenkt den Krug der Liebe
und sieht, was kommt, voraus.

Im Schatten eines Gartens
kämpft er mit seiner Angst:
Mein Gott ist dies das Ende,
das du von mir verlangst?
Er findet seine Freunde
in feiger Einsamkeit;
sie schlafen schlecht, sie träumen
aus lauter Ängstlichkeit. –

Dich will ich nie verlassen,
nimm meine Kräfte an.
Dein Weg, der ist mir heilig,
mein Leben geb ich dran.
Der Hahn fängt an zu krähen
und Jesus dreht sich um.
Dem Jünger kommen Tränen,
er weint und weiß warum.

Das Volk verlangt sein Opfer,
es lechzt nach einem Fest.
Den Richter quälen Zweifel,
bis er das Recht verlässt.
Er wäscht sich seine Hände:
ihn treffe keine Schuld.
Er macht dem Spiel ein Ende,
stillt Volkes Ungeduld.

Die Würfel sind im Fallen.
Wir gaunern um sein Kleid.
Ich seh im Kreuz von jeher
das Elend meiner Zeit.
Verfolge falsche Pläne
und halte mich für fromm.
Auch ich bin ein Verräter.
Erlös mich endlich, komm.

1982 / 2009

AUF DIE SUCHE GEHEN,
fliegen und fallen nach innen.
Sich entfernen von allen,
die zu vertraut, die uns verbaut. –
Das Pflanzen lernen.

Zu den Leuten gehen,
schwärmen und fallen nach innen.
Sich entbinden von allen,
die zu verehrt, die uns versehrt. –
Das Pflanzen lernen.

Deine Wege gehen,
stolpern und fallen nach innen.
Sich bemühen zu allen,
denen es graut, die sich verbaut. –
Und pflanzen können.

FKB&PH 1981

Brich mit den Hungrigen dein Brot,
sprich mit den Sprachlosen ein Wort,
sing mit den Traurigen ein Lied,
teil mit den Einsamen dein Haus.

Such mit den Fertigen ein Ziel,
brich mit den Hungrigen dein Brot,
sprich mit den Sprachlosen ein Wort,
sing mit den Traurigen ein Lied.

Teil mit den Einsamen dein Haus,
such mit den Fertigen ein Ziel,
brich mit den Hungrigen dein Brot,
sprich mit den Sprachlosen ein Wort.

Sing mit den Traurigen ein Lied,
teil mit den Einsamen dein Haus,
such mit den Fertigen ein Ziel,
brich mit den Hungrigen dein Brot.

Sprich mit den Sprachlosen ein Wort,
sing mit den Traurigen ein Lied,
teil mit den Einsamen dein Haus,
such mit den Fertigen ein Ziel.

1977

Dein Wort, mein Freund,
ist meine Speise,
sooft ich's empfange.

Deine Hände, mein Freund,
sind meine Kraft,
dass ich was machen kann.

Deine Güte, mein Freund,
ist mein Versteck,
sobald ich mich fürchte.

Deine Augen, mein Freund,
sind meine Aussicht,
wo ich geduckt bin.

Deine Strenge, mein Freund,
ist mein Rückgrat,
will ich mir leidtun.

Deine Beine, mein Freund,
sind meine Krücken,
dass ich kommen kann.

Deine Liebe, Jesus,
ist mein Mantel,
wann es mich friert.

1985

Der Augenblick,
der dich beglückt,
verfällt der Zeit.
Dich grüßt dein Tod
in wechselnden Gestalten.
Grüß du ihn auch,
ich bin so frei,
ich brauche nichts behalten.

Dein eignes Kind,
von dir genährt,
geht aus dem Haus.
Dich grüßt dein Tod
in wechselnden Gestalten.
Grüß du ihn auch,
ich bin so frei,
ich brauche nichts behalten.

Das Hab und Gut,
in dem du wohnst,
nimmst du nicht mit.
Dich grüßt dein Tod
in wechselnden Gestalten.
Grüß du ihn auch,
ich bin so frei,
ich brauche nichts behalten.

Kein Liebesglück,
an dem du hängst,
blüht ungeknickt.
Dich grüßt dein Tod
in wechselnden Gestalten.
Grüß du ihn auch,
ich bin so frei,
die Liebe wird uns halten.

FKB&PH 1979

Deine Zeit geht vorbei,
in Blicken geboren;
deine Zeit geht vorbei
in Hunger und Durst,
sie geht vorbei,
springt ins Spiel, kreist in Horen:
mal bist du ein Stern
und vielmal Hanswurst.

Deine Zeit geht vorbei
in schweren Gedanken;
deine Zeit geht vorbei
in Träumen und Schein,
sie geht vorbei
an Gesunden und Kranken:
mal bist du im Schwarm
und meistens allein.

Deine Zeit geht vorbei,
in Klänge zerfallen;
deine Zeit geht vorbei
in Akten und Rast,
sie geht vorbei
wie mit dir so mit allen:
mal hebt sie dich auf,
oft drückt sie als Last.

Deine Zeit geht vorbei
wie Wetter und Stürme;
deine Zeit geht vorbei
in Zirren ins Blau,
sie geht vorbei,
fällt zusammen wie Türme:
bald holt sie mich heim,
am Ende die Schau.

2003

DEIN HERZ ERZÄHLT DIR DEINE ZEIT.
Es weckt dich aus der Ewigkeit.
Im Augenblick vertreibt's die Zeit.
Im Dasein schlägt's die Endlichkeit.

FKB&PH 1985

DERWEIL IHR TRÄNEN SÄT,
scheint euch die Sonne schal.
Wenn ihr dann ernten geht,
erlöst euch eure Qual.

FKB&PH 1985 (2009)

DER WALD IST BALD GEFÄLLT,
ein Todesurteil schnell gesprochen –
was uns in dieser Welt am Leben hält,
ist lange gewachsen
und mühevoll ans Licht gekrochen.

Das Haus wird zwangsgeräumt,
schon morgen ist es abgebrochen –
und denen, die sich dort ein Heim erträumt,
verschlägt es die Sprache.
Vergeblich ist: auf Recht zu pochen.

Der Krieg ist längst erklärt
und eines Tages ausgebrochen –
Profitsucht ist es, die am Dasein zehrt.
Sie kennt keine Grenzen.
Die Preise werden abgesprochen.

Dein Kreuz ist aufgestellt,
dein Todesurteil wird gesprochen –
was uns in dieser Welt am Leben hält,
ist lange verraten.
Die Wahrheit schreit: Ans Licht gekrochen!

FKB&PH 1981

DIR ENTGEGEN STEH ICH AUF.
Begleite meinen Tageslauf.
Umhülle mich in Güte.
So geh ich meine Wege.
Bis ich ermüde.

*

Wir essen und trinken in Frieden.
Wir schmecken und sehen:
Du bist freundlich in dem,
was uns beschert ist.

*

Komm, sei bei uns zu Gast.
Segne uns, segne,
was wir essen, trinken,
tun und lassen.

*

Einen ausgeruhten Abend.
Eine Nacht in tiefem Schlaf.
Einen freundlichen guten Morgen.
Wünsch ich mir:
wünsche ich mir von dir.

1988

Du bist ein Klatschmohnfeld
so zart wie rot,
so wogend licht erleuchtet;
Du bist eine alte Linde,
deren Duft mich betört,
die summt und brummt;
Du bist eine wilde Türkenbunt,
die aus sich blüht und stäubt
mitten drin im Nesselhang
im verwunschenen Kammerberg:
Du bist,
mein Gott,
bist Du schön!

2000

DU BIST MEINE ZUFLUCHT,
du bist meine Hoffnung,
du bist meine Stärke,
Lass mich nicht allein!

Wenn mich Schläge treffen
und wenn ich schutzlos bin,
leih mir deinen Mantel
und hüll mich darin ein.
Alles, was ist,
das wird vergeh'n,
Gott, deine Liebe bleibt besteh'n.

Aje ejajaje – Aje ejajaja !

FKB&DR 1987

Du ... ein traumhaft linder Morgen.
Du ... die Knospen platzen wieder.
Du ... wie gut ist das: Wir leben.
Du ... da draußen blüht uns Hoffnung.
Du ... es lichtet sich im Osten.
Du ... es kommt ein andrer Himmel.
Du ... es wärme uns die Sonne.
Du ... es berge uns die tiefe Nacht.
Wohin auch immer wir ziehn ...

1998

Du Gott,
Du Nadelöhr der Reichen,
du Gott, du Kind der Armen:
Ist das nicht zum Erbarmen!
Ist das nicht zum Erbarmen?

FKB&PH 1987

DU, MEIN GOTT, HÜTEST UNS,
es wird uns nichts mangeln.
Du bringst uns ins saftige Feld.
Du bringst uns ans frische Wasser.
Du erquickst.
Führst gute Wege.

Und wenn wir harte Strecken
hinter uns wie vor uns haben,
fürchten wir uns nicht:
Du bist. –
Du deckst den Tisch,
auch dann, wenn wir streiten.
Du schenkst uns ein.

Du erfrischst die Köpfe,
ermunterst die Leiber.
Güte und Barmherzigkeit
werden uns kleiden:
unser Leben lang.

Wir, wir werden bleiben,
ja bleiben in Deinem Haus.

1988/2009

DU MUSST WEITERKOMMEN,
du musst weiterkommen im Leben,
am Leben vorbei.

Du musst etwas schaffen,
du musst etwas schaffen im Leben,
am Leben vorbei.

Du musst's zu was bringen,
du musst's zu was bringen im Leben,
am Leben vorbei.

Ehe du es packst,
ehe du es packst, dein Leben,
packt dich dein Tod.

FKB&PH 1979

Du, wisch mir meine Tränen ab
und lindre das Geschrei.
Decke den Kummer zu.
Erlöse die Toten.
/: Komm, Menschenskind,
und sei umsonst ein lebendiger Brunnen. :/

1987

Du Schöpfer des Lebens,
der Sonne und des unendlichen Alls,
der Milchstraße und des großen Bären,
des klaren Morgensterns ...

Wir bewundern deine Güte ...

Du Schöpfer des Glühwürmchens,
der Mücken und Zitronenfalter,
der Rotkehlchen, Libellen,
der Distelfinken,
der Raben wie der Spatzen ...

Wir bewundern deine Güte ...

Du Schöpfer der Steine, der Krume,
der Tropfen und der Samen,
des Weizens, der Disteln,
der Tränenden Herzen
und der Schachtelhalme ...

Wir bewundern deine Güte ...

Du Schöpfer im Licht,
in Wind und Wetter,
im Himmel und in den Meeren,
in der Dunkelheit,
in Abgründen wie in der Höhe ...

Wir bewundern deine Güte ...

Du Schöpfer der Gründe,
der Moose, der Flechten, der Hecken,
der Bäume und aller Nester ...

Wir bewundern deine Güte ...

Du übst Geduld mit uns,
wie sollten wir nicht geduldig sein?
Du sorgst für uns,
wie sollten wir nicht sorgen.
Du lässt uns leben,
wie sollten wir nicht am Leben lassen,
was wir wachsen sehen.
Du lässt uns in unsren Gärten
wie in deinem Garten wohnen,
in unsren Häusern
wie in deinem Haus.
Wie sollten wir nicht dankbar sein?

WIR BEWUNDERN DEINE GÜTE ...

Und besingen deinen Namen. Amen.

1988

DU, WENN ICH NICHT MEHR WEITER WEIß,
dann lass mich nicht allein.
Und wenn ich keiner Seele trau',
stell du dich auf mich ein.
Und wenn ich dich verwünschen werde,
sei bei mir.
Hör mir zu und schweig.
Halt mich aus.

Du, wenn es mir an Hoffnung fehlt,
dann nimm mich ins Gebet.
Und wenn ich meine Zweifel hab',
bleib der, der mich versteht.
Und wenn ich dich beim Glauben fasse,
halt mir stand.
Zeig, wovon du lebst.
Gib dich aus.

Und wenn das keinen Sinn ergibt,
dann geh auch weiter mit.
Du teilst mit mir den schweren Weg
und stirbst mit jedem Schritt.
Komm, lass uns keine Zeit verlieren –
Gott ist weit
und in jedem Tod
uns voraus.

1977

EIN FLECKCHEN ERDE,
meine Wünsche einzusäen,
die bunten Träume
eines schönen Tags,

und eine Wolke
voll mit warmen Regentropfen,
damit sie keimen
eines schönen Tags,

und Sonnenstrahlen,
die mein Pflänzchen Hoffnung nähren,
damit es blühe
eines schönen Tags,

und frischen Wind dann,
seinen Samen fortzutragen
in eure Straßen
eines schönen Tags,

und Unkrautkräfte,
überall sich einzunisten
in Spalt und Winkel
eines schönen Tags,

und Löwenzähne,
Asphaltgräber aufzubrechen,
Beton zu sprengen
eines schönen Tags,

und raus zu wachsen
aus dem gleichgemachten Leben –
und Mensch zu werden
eines schönen Tags.

FKB&PH 1977

EIN JEDER BRAUCHT
sein Brot, sein' Wein,
und Frieden
ohne Furcht soll sein.
Pflugschare schmelzt
aus Gewehren und Kanonen,
dass wir in Frieden
beisammen wohnen.

FKB&DT 1973

EINSAM
BIST DU KLEIN,
aber gemeinsam
werden wir Anwalt
des Lebendigen sein.

FKB&PH 1977

ELIA WAR EIN GOTTESMANN,
der sagte schwere Zeiten an:
Es gibt nicht Tau noch Regen,
dem Wachstum fehlt der Segen.

Aus Arbeit musst du weg und Haus,
mit schönen Plänen ist es aus,
musst weit durch Wüsten gehen
und arm die Angst bestehen.

Da saß er dann in Einsamkeit
und hatte nichts als sehr viel Zeit,
das Unheil zu beklagen
und nach dem Sinn zu fragen.

Was bisher mich am Leben hielt,
ist weit entfernt und ausgespielt.
Was kann denn meinem Leben
jetzt Ziel und Nahrung geben?

Elia gab nicht auf, er fand
das Bächlein Krith im dürren Land.
Und siehe, Unglücksraben
ihm was zu essen gaben.

Wo jeder dachte: aus der Spaß,
da saß Elia, trank und aß
und lernte – das kann's geben –
von neuem wieder leben.

FKB&PH 1979

ENTDECK BEI DIR, ENTDECK BEI MIR
den nächsten Schritt, der weiterführt,
den nächsten Schritt zum Leben.
/: Schenk der Hoffnung langen Atem. :/

Erquicke mich, erquicke dich
mit einem Schritt, der weiterführt,
mit einem Schritt zum Leben.
/: Schenk der Liebe große Augen. :/

Komm stärke dich, komm stärke mich
Zum nächsten Schritt, der weiterführt,
dem nächsten Schritt zum Leben.
/: Schenk dem Hunger frische Nahrung. :/

Vertrau auf dich, vertrau auf mich
beim nächsten Schritt, der weiterführt,
dem nächsten Schritt zum Leben.
/: Schenk dem Glauben starke Arme. :/

FKB&PH 1977

Erleuchte und bewege uns,
leite und begleite uns,
erleuchte und bewege uns,
leit und begleite uns,
erleuchte und bewege uns,
leit und begleite uns.

1987

Es ist ein langer Weg
zu dir selbst.
Du hast viele Talente.
Sie sind dein Gepäck.
Bei jeder Weggabelung
musst du entscheiden,
welchen Weg du wählst.
Bei jeder Weggabelung
musst du
ein Gepäckstück lassen,
sonst wird der Weg zu schwer.
Und immer,
wenn du jemanden siehst
am Straßenrand,
musst du wählen,
ob du anhältst,
Schritte zurückgehst,
neues Gepäck auflädst,
von deinem Weg abweichst.
Oft
ist das schmerzlich,
manchmal schön.
Immer wieder musst du entscheiden,
welchen Schmerz du aussuchst:
den deines Ego,
den deiner Sozialität.–
Irgendwann
wirst du ankommen:
Bei dir.
Also lass dich nicht entmutigen
von der Last auf deinem Rücken,
von den Steinen auf deinem Weg.

SMB 1988

ES IST GENUG,
mein Gott,
nimm meine Seele,
dass ich mich
nicht länger quäle.

Wach auf und schmeck,
du Mensch,
die Kraft der Speise,
stärke dich.
Weit ist die Reise.

Zieh vor uns her,
du Gott,
lock uns aus Höhlen,
dass wir uns
nicht mehr verfehlen.

Empfangt und schmeckt
das Brot,
den Wein zum Leben,
Jesus ist
euch preisgegeben.

FKB&PH 1979

Es lebte einst der Bileam
in fernen, alten Tagen:
dem glaubten viele, wenn er sprach,
er hatte was zu sagen.

Er horcht', er sah – er kam zuletzt
den Ängsten auf den Grund:
dann brach's als Segenswort, als Fluch
aus ihm, dem Gottesmund.

Auch heute noch den Gottesmund
sich große Herren kaufen: für Eigenlob,
für Schmäh-den-Feind,
da kommen sie gelaufen.

Nur wehe dem, der anders spricht,
nicht wie sie es empfohlen:
Wer Feinde segnet, Frieden schaut,
den soll der Teufel holen.

Den fangen sie ganz plötzlich ein:
Du sollst dich ja nicht wagen!
Du kennst die Linie, pass dich an:
Musst unsre Sprüche sagen.

Wie Bileam die Eselin ...
so möchten dann die Zeichen
des Seelenleibes, der mich trägt,
mich unterwegs erreichen.

Da wirst du deinen Engel sehn,
der deine Flüche bindet,
der, wo dein Weg das Unheil kreuzt,
die Lösung Gottes findet.

FKB&PH 1985

Es lebt' ein zäher Bauer
auf seinem Flecken Land,
liest Trauben von den Reben
und isst, was ihm gegeben
aus seines Gottes Hand.

Sein Nachbar hegte Pläne,
er träumt' vom größren Wohl.
Das Land muss er erwerben,
und sollt' der andre sterben,
für eine Pflanzung Kohl.

Elia unter uns steh auf!
Tritt vor den Ahab hin:
als einer, der die Täter nennt,
als einer, der die Opfer kennt
im bösen Spiel der Macht.

Dein Plan, der liegt mir ferne,
ich tausch kein Land für Geld.
Das macht den Herren sauer,
er legt sich auf die Lauer,
sein Plan ist ihm verstellt.

Zählst du im Land zur Spitze,
dann kommst du auch ans Ziel:
Wir kaufen uns zwei Zeugen,
die werden's drehen, beugen,
und fertig ist das Spiel.

Elia unter uns steh auf!
Tritt vor den Ahab hin:
als einer, der die Täter nennt,
als einer, der die Opfer kennt
im bösen Spiel der Macht.

Der eine wird begraben,
die andren atmen auf.
Das Recht geht vor die Hunde
in einer schwachen Stunde.
Die Herren pfeifen drauf.

FKB&PH 1987

FORTGEPFLANZT
im Windschatten älterer Stämme
breiten wir Wurzeln aus
in den Humus Welt.
Das Spiel des Windes
breitet unsere Äste.
Im wechselnden Wetter
tragen wir Frucht.

So blühen wir.
So wachsen wir.
So beugt es uns.
So fallen wir.
Dem entgegen,
der uns
in dieses Leben ruft.

FKB&PH 1981

FRAU, DEINEN NAMEN SAG ICH NICHT.
Johannes meint, du heißt Maria.
Bewundernswert deine Güte;
der Augenblick,
in dem du selbstvergessen handelst:
Verschwenderisch gießt du aus
dein bestes Parfüm.
Hingegeben salbst du
einen schweren Kopf,
dass ihm wohl wird
und ein reifer Duft
den Raum um ihn erfüllt.

Dich kümmern keine Kastenmeister.
Du rechnest nicht in Kosten.
Du tust, was dir gefällt
und was ihn ruchbar macht
auf seinem Weg.
/: Sinnbild der Verwandlung. :/
Armseligkeit in Würde hüllen
und eignes Wesen wahr machen.
Inmitten der kaputten Zeit
einfach so sein.
Frau, was wäre unsre Geschichte
ohne dich?

FKB&PH 1987

FUHR DER BÖSE GEIST IN SAUL,
dann duckten sich die Leute;
bei Hofe hing der Segen schief,
und so ist das bis heute.

Fährt der böse Geist in mich,
dann ducken sich die Leute,
zu Hause hängt der Segen schief:
Wie war's denn wieder heute?

Stimm deine Laute, David, spiel,
entlock den Saiten Lieder,
spiel, dass der böse Geist entflieht,
zum Menschen mach mich wieder.

Fährt der böse Geist in den Betrieb,
dann ducken sich die Leute,
am Fließband hängt der Segen schief,
ist das ein Elend heute.

Fährt der böse Geist ins Parlament,
dann ducken sich die Leute,
im Plenum hängt der Segen schief,
gegängelt kläfft die Meute.

Stimm deine Laute, David,
spiel, entlock den Saiten Lieder,
spiel, dass der böse Geist entflieht,
zum Menschen mach mich wieder.

Fährt der böse Geist ins Volk,
dann ducken sich die Leute,
im Lande hängt der Segen schief,
ein jeder schnappt nach Beute.

Setzt den bösen Geist ins Matt
und tanzt vor Freude heute,
im Land da geht ein Segen auf,
das Kriegsgeschäft macht Pleite.

Stimm deine Laute, David,
spiel, entlock den Saiten Lieder,
spiel, dass der böse Geist entflieht,
zum Menschen mach mich wieder.

FKB&PH 1975

FÜRCHTE DICH NICHT,
du gehst nicht verloren,
bleib bei den Traurigen,
teile ihr Unglück:
so groß die Liebe,
so groß der Schmerz.

Fürchte dich nicht,
du gehst nicht verloren,
bleib bei den Fröhlichen,
teil ihre Freude:
so groß die Liebe,
so groß der Schmerz.

Fürchte dich nicht,
du gehst nicht verloren,
bleib bei den Schweigenden,
teil ihre Schwermut:
so groß die Liebe,
so groß der Schmerz.

FKB&PH 1979

GOTT BEHÜTET EUCH,
wenn ihr kommt.
Behütet euch,
wenn ihr geht.

In allem, was geschieht,
bewahrt euch Gott
eure Sinne wie eure Vernunft.

Gott segnet eure Zeit.
Ihr könnt in Frieden gehen.

Amen, so kann es sein.

1982 / 2009

GOTT, DEINEN NAMEN WILL ICH SINGEN,
dir entspringt mein Leben.
Aus deiner Schöpfung schöpfe ich,
schöpfe meine Kraft.
In deiner Sonne blühe ich.
In deinem Boden wurzle ich.
Aus dir ziehn meine Sinne Saft.
Deine Farben färben mich.
Deine Schatten schlagen mich.
Dein langer Atem schafft mir Luft.
In deine Nacht verkriech ich mich,
ruhe aus und träume;
dein Morgen weckt mich auf,
spannt meinen Willen an.
Dein Wille setzt voraus,
ich setze nach
und tue,
was ich kann.
Dein Abendrot führt mich in Weiten,
ich ahne meine Zeit.
Die Dunkelheit
führt mir beizeiten
dein Amen vor,
die Unbekannte Ewigkeit.
Gott, deinen Namen will ich singen –
und dann zu guter Letzt
versteck den meinen
in deinem großen, weiten Kleid.

FKB&PH 1979

GOTT, DU BIST EINE BRÜCKE,
auf der ich gehen kann.
Ich singe für dich,
Brücke,
ich singe für dich.

Gott, du bist eine Liebe,
die mich ertragen kann.
Du singst für mich,
Liebe,
du singst für mich.

Gott, du bist eine Straße,
die ich fahren kann.
Ich singe für dich,
Straße,
ich singe für dich.

Gott, du bist eine Hoffnung,
die mich locken kann.
Du singst für mich,
Hoffnung,
du singst für mich.

Gott, du bist eine Bleibe,
die ich nicht finden kann.
Ich singe für dich,
Bleibe,
ich singe für dich.

Gott, du bist ein Glaube,
der mich nicht lassen kann.
Du singst für mich,
Glaube,
du singst für mich.

FKB&PH 1975

GOTT, DU BIST MEINE ZUFLUCHT.
So wie ein Küken sich
unter die Flügel seiner Glucke rettet,
so flüchte ich in deinen Schutz.
Mich verfolgt zu viel,
morgens, mittags, abends und
dann wieder in der Nacht.
Ich will nichts mehr
als aufgehoben sein in Dir.
Du hast deinen Engeln befohlen,
dass sie mich behüten
auf meinen Wegen.
Du kennst mich.
Bleibe meine Zuflucht.
Bleibe mein Schutz.

1988

GOTT ERBARM DICH,
steh uns bei,
damit wir nicht verderben.

Jesus Christus,
mach uns frei,
dass wir in Frieden sterben.

Geist der Liebe ,
steh uns bei,
dass wir für Leben werben.

FKB&PH 1979

GOTT, MICH BESCHWINGT DEIN LEBENSSAFT,
dich spürt mein Herz im Schlag;
du förderst meines Geistes Kraft
für jeden neuen Tag.

Bezauberst mich im Sonnenlicht,
im wilden Sturm, im Wind;
du treibst mir Tränen ins Gesicht,
ich bin und bleib dein Kind.

Du hast mein Leben angelacht
bei seiner steten Müh;
für mich hast du dich schön gemacht
im Zwielicht in der Früh.

Nun feiern wir das große Fest:
Des Abends Horizont.
Du fliegst mir altem Baum ins Nest:
Mein Sein von DIR bewohnt.

2004

GOTT UMHÜLLE EUCH,
dass euch Luft zum Atmen bleibt,
dass euch Feuer zum Wärmen bleibt,
dass euch Wasser zum Tränken bleibt,
dass euch Erde zum Leben bleibt,
Gott umhülle euch.

Gott umhülle uns,
dass uns Luft zum Atmen bleibt,
dass uns Feuer zum Wärmen bleibt,
dass uns Wasser zum Tränken bleibt,
dass uns Erde zum Leben bleibt,
Gott umhülle uns.

1987

HIMMLISCHER MORGEN,
Farben der Schöpfung,
Licht aus dem Schatten
wiedergebor'n.
Danke dir Sonne.
Danke für Leben.
Danke fürs Atmen,
Dank für den Tag.

Strömender Regen,
Quelle des Lebens,
tränkst Mutter Erde,
Felder erblüh'n.
Danke euch Wolken.
Danke, weil's regnet.
Danke euch Tränen,
Dank auch dem Wind.

Leuchtende Sonne,
wärmende Liebe,
lockst mich ins Dasein,
weckst meinen Sinn.
Danke dir Himmel,
danke dir Erde.
Danke fürs Lächeln,
danke fürs Licht.

Himmlischer Morgen,
Farben der Schöpfung,
Abglanz des Schöpfers,
glücklicher Tag.
Ich bin geboren,
lebe im Leben,
glaube und träume,
schwärme im Sein.

FKB&WH 1988

ICH BIN VERLOREN
im Augenblick,
einsamer kleiner Vogel
auf einem großen Dach.

Ich spür' die Ohnmacht
im Augenblick,
fühle das ganze Elend
wie eine schwarze Nacht.

Ich will entkommen
im Augenblick,
wünsche mir große Flügel
und einen weiten Tag.

Ich wünsch' mir große Flügel,
im Augenblick
will ich entkommen,
wie eine schwarze Nacht
fühl' ich das ganze Elend,
im Augenblick
bin ich verloren.

FKB&PH 1979

Ich liebe das Leben,
solang der Schnee schmilzt,
solang der weiche Wind
mit meinen Haaren spielt
und die Meisen mich locken.

Ich liebe das Leben,
solang die Rose blüht,
solang ihr Apfelduft
mir in die Nase zieht
und die Amseln, die schlagen.

Ich liebe das Leben,
solang der Weizen reift,
solang ein heißer Tag
mir in die Poren zieht
und die Schwalben im Himmel.

Ich liebe das Leben,
solange es kalt wird,
solang im Horizont
ein nackter Apfelbaum
und die Krähen mich rufen.

1979

Ihr seid das Salz der Erde,
ihr seid das Licht der Welt,
dass unsre Hoffnung wirklich werde,
dass ihr diese Welt erhellt.

Und was ist,
wenn das Salz dumm ist,
wenn es dumm wird,
und was ist,
wenn das Salz dumm ist
und das Licht im Eimer?

Ihr seid das Salz der Erde,
ihr seid das Licht der Welt,
dass unsre Hoffnung wirklich werde,
dass ihr diese Welt erhellt.

FKB&PH 1979

IM NAMEN DES WASSERS:
Wehe euch Menschen,
die ihr die Quelle
alles Lebendigen
wandelt
allmählich
in todbringende Brühe,
dass alles,
was im Wasser wimmelt,
verrecken muss.
Ihr habt die Ehrfurcht
vor eurem Ursprung
verloren.
Ihr bewundert allein
eure eigenen
schnell gebrüteten
Werke.

FKB&UB 1981

Im Namen der Tiere:
Wehe euch Menschen,
die ihr Tiere,
die sich nicht wehren können,
mit Experimenten
quält
unsagbar
bis in ihren Tod.
Ihr habt die Ehrfurcht
vor euren Geschwistern
verloren.
Ihr überschätzt,
ihr vergötzt
das eigene bisschen
Leben.

FKB&UB 1981

IM NAMEN DES MUTTERBODENS:
Wehe euch Menschen,
die ihr die Kinder der Erde,
den Mutterboden,
mit euren Düngern
futtert
geschäftig
bis ins Wuchern.
Ihr habt die Ehrfurcht
vor euren Nachkommen
verloren.
Ihr verdrängt
besessen
die kommenden mageren
Jahre.

FKB&UB 1981

IM NAMEN DES HIMMELS:
Wehe euch Menschen,
die ihr den Himmel,
der euch umhüllt,
mit Abgasen löchert
fahrlässig,
bis euch die Luft vergeht.
Ihr habt die Ehrfurcht
vor der Geborgenheit
verloren.
Ihr erschöpft
in rasender Hast,
überhitzt eure eigene
Zeit.

FKB&UB 1981

IM NAMEN DES MENSCHEN:
Wehe euch Menschen,
die ihr uns die Zeit
mit vorgemachten Spielen
und Schrecken
stehlt
planmäßig
bis zur Umnachtung.
Ihr habt die Ehrfurcht
vor unserer Fantasie
verloren.
Heimlich schleicht ihr
euch ins Recht,
grauen muss euch vor der
Wahrheit.

FKB&UB 1981

IM NAMEN DER ERDE:
Wehe euch Menschen,
die ihr das Land
um abzurüsten
rüstet
immersoweiter,
bis die Waage zerbricht. –
Ihr habt die Todesfurcht
vor dem letzten Krieg
verloren.
Feige drohend,
traut ihr euch nicht,
waffenlos zu kämpfen für
Frieden.

FKB&UB 1981

In unserem Namen:
Wehe mir,
der ich ein Kind der Zeit
geworden bin,
beherrscht
vom Hunger der Macht,
besetzt
vom Stolz der Angst.
Ich sehne mich
heim
in die Geschichte des Liebens,
in das Gebären
und Sterben
des
Lebendigen.

Denn:
Die Erde und alles,
was wimmelt
und kriecht und fliegt
und springt
und wächst,
ist heilig
in sich.
Und ein Jedes hat sein Bestehen,
sein Vergehen
im großen Zusammenhang
des Lebendigen.

FKB&UB 1981 (2009)

IM TOD DA SIND WIR ALLE GLEICH:
Egal ob arm, ob reich.
Egal ob jung, ob alt.
Der Tod, der macht uns alle kalt.

Ob armer Hund, ob großes Tier,
ob Superstar, ob kleiner Stift,
ob Hintermann, ob Kirchenfürst –
wir tanzen vor demselben Tod.

Ob Schwarz, ob Weiß, ob Gelb, ob Braun,
ob Muselmann, ob Jude, Christ,
ob Kapital, ob Kommunist –
wir tanzen vor demselben Tod.

Am Leben hängen alle gleich:
Seid egal arm, seid egal reich,
seid egal jung, seid egal alt –
der Tod verliert so an Gewalt.

FKB&PH 1979

Im weiten Bogen Zeit
zum Augenblick gespannt,
geneigter Gott,
dir zu begegnen:
Find uns bereit,
mit unsrem Leben
Hand in Hand
das Zeitliche zu segnen.

FKB&PH 1985

IN DER LEICHTIGKEIT DER VÖGEL
die Schlagbäume überfliegen.
Aus bewandertem Erkennen
den täglichen Ärger lassen.
Schritte zum Frieden erfinden:
Böses mit Gutem überwinden.
Mit dem Selbstgefühl des Freien
den ängstlichen Zwang entbinden.
Aus der gründlichen Erfahrung
verkrampfte Belehrung lockern.
Schritte zum Frieden erfinden:
Böses mit Gutem überwinden.
In der Gastlichkeit der Hirten
den Eindringling frei empfangen.
In Zurückhaltung von Schärfe
die Wortwechsel fruchtbar machen.
Schritte zum Frieden erfinden:
Böses mit Gutem überwinden.
Mit geläutertem Bewusstsein
Verleumdung sitzen lassen.
Durch Verzicht auf Argumente
Gefühlen Gehör verschaffen.
Schritte zum Frieden erfinden:
Böses mit Gutem überwinden.
Mit dem Zugeben der Schwächen
den anderen Türen öffnen.
Durch das Aufgeben des Fortschritts
das wachsende Leben retten.
Schritte zum Frieden erfinden:
Böses mit Gutem überwinden.

FKB&PH 1985

IN DEINEN AUGEN KANN ICH
schöner werden als ich bin.
In deinen Händen kann ich
stärker werden als ich bin.
In deinen Armen kann ich
freier werden als ich bin.
In deinem Wesen kann ich
stiller werden als ich bin.
In deinen Worten kann ich
reifer werden als ich bin,
/: ein Segen. :/

FKB&PH 1985

In Gottes Namen
wollen wir finden, was verloren ist /
wollen wir suchen, was verirrt ist /
wollen wir heilen, was verletzt ist /
wollen wir stärken, was geschwächt ist /
wollen wir hüten, was lebendig ist –
wie einen Augapfel,
wie mein Kind,
wie eine Quelle
in Gottes Namen.
Amen.

FKB&PH 1981

IN GUTEN TAGEN
lerne zu klagen.
Rasch ist der Tod.

Auf schweren Wegen
spüre den Segen.
Gut ist der Tod.

In deinem Hoffen
lass Türen offen.
Groß ist der Tod.

FKB&PH 1979

IN KEINEM HAUS BIN ICH ZU HAUS,
ich bin nicht ich, ich bin nicht du.
Ist meine Zeit ein Raum,
ein Spiel, ein Schein, ein Traum?
Deck du mich zu.

Die Gärten blühen alle gleich,
sie trennt kein Zaun, sie trennt kein Tor.
Ist meine Zeit ein Stein,
ein Halm, ein Ast, ein Keim?
Bring mich hervor.

Ich spiele gerne mit beim Tanz,
die Schritte her, die Schritte hin.
Ist meine Zeit ein Takt,
ein Ton, ein Sprung, ein Akt?
Entdeck den Sinn.

1977 / 2009

JAGE DEM FRIEDEN NACH,
such Frieden mit jedermann.
Die Angst vor Krieg steckt an.
Sie wird schon wieder wach,
drum jage dem Frieden nach.

Glaub an die Freundlichkeit,
sei gütig mit jedermann.
Die Angst im Streit steckt an.
Sie geht sehr schnell zu weit,
drum glaub an die Freundlichkeit.

Steck deine Schläge ein,
ertrag sie von jedermann.
Die Angst im Leid nimm an.
Wie Jesus wirst du sein,
drum steck deine Schläge ein.

Freu dich, den Weg zu sehn
im Frieden mit jedermann.
Das ferne Ziel spornt an.
Es lässt uns weiter gehn,
drum freu dich den Herrn zu sehn.

1981 / 2009

JESUS BROT,
Jesus Wein,
vor unsrem Tod
Leben wird sein.
Dank für Brot,
Dank für Wein.

FKB&PH 1979

KIND, DU BIST UNS ANVERTRAUT.
Wozu werden wir dich bringen?
Wenn du deine Wege gehst,
wessen Lieder wirst du singen?
Welche Worte wirst du sagen
und an welches Ziel dich wagen?

Kampf und Krieg zerreißt die Welt,
einer drückt den andern nieder.
Dabei zählen Macht und Geld,
Klugheit und gesunde Glieder.
Mut und Freiheit, das sind Gaben,
die wir bitter nötig haben.

Freunde wollen wir dir sein,
sollst des Friedens Brücken bauen.
Denke nicht du stehst allein;
kannst der Macht der Liebe trauen.
Taufen dich in Jesu Namen.
Er ist unsre Hoffnung. Amen.

FKB&PH (1973) 1975

KINDLEIN IM KÖRBCHEN
aus jungen Weiden und altem Leinen
sollst du selig schlafen,
fröhlich krähen, kräftig weinen.

Kindlein im Wagen
aus alter Eiche und jungen Daunen
wirst du himmlisch träumen,
irdisch schaukeln, glücklich staunen.

Kindlein, du Liebling,
dich herzt die Mutter, dir spielt der Vater –
lauter gute Weisen:
Nester, Küsse, Himmelsspeisen.

Kindlein, nun sei du!
Du, unser Wesen, bist uns entsprungen.
Deinem jungen Leben
ist dies Liebeslied gesungen.

Kindlein, entspringe.
Wir werden gehen und wollen hoffen.
Wandel unser Sorgen:
Werd ein Menschenkind für morgen.

FKB&UB 1991 für Ricarda Marie

Kennt ihr die Legende
von Christophorus?
Er trägt auf seinem Rücken
und muss sich dabei bücken
ein kleines Kind
durch die Gefahren,
durch den großen Fluss.

Du und ich und wir und ihr
in langen Ketten ziehen wir,
ziehen mit Christophorus
mitten durch den Fluss.

Ich wünscht, ich hätte Hände
wie Christophorus
und trüg auf meinem Rücken
und müsst mich dabei bücken
ein kleines Kind
durch die Gefahren,
durch den großen Fluss.

Du und ich und wir und ihr
in langen Ketten tanzen wir,
tanzen mit Christophorus
mitten durch den Fluss.

Es gäbe eine Wende,
o Christophorus,
wenn wir die stolzen Rücken
für Menschenkinder bücken,
dann kommen sie
durch die Gefahren,
durch den großen Fluss.

Du und ich und wir und ihr
in langen Ketten schwimmen wir,
schwimmen mit Christophorus
mitten durch den Fluss.

Wie in der Legende
von Christophorus,
wird aus den toten Stecken
die Liebe Blüten wecken,
die locken uns
durch die Gefahren,
durch den großen Fluss.

FKB&PH 1977

/: KLEINE HÜTTE AM RANDE DER STRAßEN,
unser Obdach am Rande der Zeit. :/

Bist ein Freund? – Komm herein.
Sei mit uns. Mein ist Dein:
Tee-Mandjok-Bohnen-Reis –
ein Schluck Sein.

Lass die Angst. Komm zur Ruh.
Wir sind da. Deck Dich zu.
Tief im Fell träume Du
unser Glück.

Dein Gesicht ist so gut.
Du siehst klar. Mach uns Mut.
Blas für uns in die Glut.
Weck uns auf!

Bist ein Freund in Gefahr.
Mach den Traum mit uns wahr.
Braucht es auch viele Jahr.
Geh voraus.

/: Viele Hütten in endloser Pampa,
freies Leben im Licht unsrer Zeit. :/

Zieh ins Land. Ziehen wir.
Du mit uns. Wir mit Dir.
Eines Tags wird es hier
dann gut sein.

1990

KOMM, BAU EIN HAUS,
das uns beschützt,
pflanz einen Baum,
der Schatten wirft,
und beschreibe den Himmel,
der uns blüht.

Lad viele Tiere ein ins Haus
und füttre sie bei unsrem Baum,
lass sie dort munter spielen,
wo keiner sie in Kreise sperrt,
lass sie dort lange spielen,
wo der Himmel blüht.

Lad viele Kinder ein ins Haus,
versammle sie bei unsrem Baum,
lass sie dort fröhlich tanzen,
wo keiner ihre Kreise stört,
lass sie dort lange tanzen,
wo der Himmel blüht.

Lad viele Alte ein ins Haus,
bewirte sie bei unsrem Baum,
lass sie dort frei erzählen
von Kreisen, die ihr Leben zog,
lass sie dort lang erzählen,
wo der Himmel blüht.

Komm, wohn mit mir in diesem Haus,
begieß mit mir diesen Baum,
dann wird die Freude wachsen,
weil unser Leben Kreise zieht,
dann wird die Freude wachsen,
wo der Himmel blüht.

FKB&PH 1977

KOMM, STRECK DICH.
Tisch deck dich.
Napf füll dich.
Mensch still dich.

Bauch spür dich.
Rest kehr dich.
Tisch leer dich.
Geh, ruh dich.

FKB&PH 1985

KYRIE: Kyrie: Kyrie:
Mir ist leid, wie ich bin. /
Dir ist leid, wie du bist. /
Uns ist leid, wie wir sind. /
Schau uns an. /
Ach du lieber Gott. /
Entfessele uns.

2009

LÄNGST SCHON ZUVIEL VON DEM SEGEN:
Fettschicht auf chemischer Brühe.
Überdruss auszulöffeln
und Überfluss wegzuschütten.

Hüte dich, arme Seele,
dass dein Spiegel nicht birst,
dass dein Wasser nicht kippt,
dass deine Tiefe nicht stirbt.

Bleib mir vom Leib mit dem Segen.
Bin so kein Mensch für das Glauben.
Trau nicht den schönen Worten.
Am Ende steh ich allein da.

Schütz dich Gottes Haus.
Schütze dich.
Schütz dich Gott.

Werd mich nicht beugen dem Segen,
nichts mehr der Macht überlassen.
Dreist spielt sie aus das Letzte,
vergiftet bald jeden Sinn mir.

Hüte dich, arme Seele –
schütz dich Gottes Haus.

Hüte dich, arme Seele,
dass dein Spiegel nicht birst.
Hüte dich, arme Seele,
dass dein Wasser nicht kippt.

Schütze dich.
Schütz dich Gott –
dass deine Tiefe nicht stirbt.

FKB&PH 1981

LEBE, JESUS,
überlebe
unter uns.

Führe, Jesus,
überführe
du auch uns.

Liebe, Jesus,
übe Liebe
du durch uns.

FKB&PH 1979

LEBEN WIR IM LEBEN
lesen wir reife
ähren vom acker
essen den weizen
das wunder das brot
und fürchten keinen tod

leben wir vom leben
lesen wir reife
trauben im weinberg
trinken die trauben
das wunder den wein
und freuen uns am sein

leben wir von liebe
lesen wir reife
träume der erde
spüren die triebe
das wunder die zeit
in ihrer ewigkeit

1999

Meinen schweren Kopf
in einen leichten Schoß zu betten,
meine Stirn
in eine kühle Hand,
den kaputten Tag
in einen dunklen Schrank zu legen,
meine Traurigkeit
in ein gesummtes Lied,
meinen Kinderwunsch
in Gottes großes Ohr zu flüstern ...
Nimm dein geträumtes Bett und geh.

FKB&PH 1975

MEIN GOTT: KOMM UND ERBARME DICH,
mein Gott, erbarme dich.
Mein Gott: komm und erbarme dich,
komm und erbarme dich.

Christus, komm und erbarme dich,
Christus trockne du mir die Tränen.
Guter Freund, hülle mich in dein Erbarmen:
nimm dich meiner Seele an,
nimm dich meiner Seele an.

Mein Gott: komm und erbarme dich,
mein Gott, erbarme dich.
Mein Gott: komm und erbarme dich,
komm und erbarme dich.

1997

Mein Kind, das Wurm,
hielt einst in kleinen Fingern
ein Exemplar:
Wie wunderbar.
Da! Guck mal, Vater.
Den lieb ich, Vater.
Wie wahr du sprichst, mein liebes Suse.
So neigst du mich zu dem Gekruse.

Dein Freund, der Wurm,
gräbt Gottes Garten Erde.
Er zieht sich lang,
er drückt sich durch,
er frisst die Krumen
und düngt die Blumen.
Ja, manchmal wirft er kleine Haufen,
weil: bald danach, dann kann er saufen.

Dein Freund, der Wurm,
hat namenlos Geschwister.
Sie krümmen sich,
sie mehren sich,
sie werden Herde
in feuchter Erde
und wimmeln da in vielen Arten:
vergessne Gründer unterm Garten.

Dein Freund, der Wurm,
lockt große, kleine Vögel.
Die horchen still,
die schnappen voll-
gestopfte Münder
für ihre Kinder.
Mit Nahrung schwingen sie zum Neste
und gleich darauf gibt's Schnabelfeste.

FKB&PH 1985 (2009)

Mit guten Wünschen
überkleide mich,
ich brauche dich.

Deine Augen können strahlen.
Freundschaft wird dich stets begleiten.
Treue ist dein schöner Mantel.

Mit guten Wünschen
überkleide mich,
ich brauche dich.

Feuer soll dich nicht verbrennen.
Wasserflut dich nicht ersäufen.
Schatten sollen dich nicht schlagen.

Mit guten Wünschen
überkleide mich,
ich brauche dich.

Heilen werden deine Wunden.
Auch der Tod muss dich nicht schrecken.
Kraft, die schwere Last zu tragen.

Mit guten Wünschen
überkleide mich,
ich brauche dich.

Liebe wird die Schuld bedecken.
Engel werden dich geleiten.
Freundlich seien deine Träume.

Mit guten Wünschen
überkleide mich,
ich brauche dich.

Gott behüte deine Seele,
deinen Ausgang, deinen Eingang.
Geh im Segen deine Wege.

FKB&PH 1985

MUSS EINER VIELLEICHT AUCH NOCH
die Mehlschwalben fragen,
wenn man Wege im Dorf asphaltiert?

Muss einer vielleicht auch noch
den Distelfink fragen,
wenn man Disteln im Felde wegspritzt?

Muss einer vielleicht auch noch
die Störche befragen,
wenn man Bächen Betonbett verpasst?

Muss einer vielleicht auch noch
die Rindviecher fragen,
wenn man Kraftwerk in Flussgründe baut?

Muss einer vielleicht auch noch
die Feldhüter fragen,
wenn man Trassen in Weinberge legt?

Muss einer vielleicht auch noch
die Waldhüter fragen,
wenn ein Flugplatz die Landschaft verschlingt?

Muss einer vielleicht auch noch
die Opfer befragen,
wenn ihr Dasein die Schulden begleicht?

FKB&PH 1981 (2009)

Sage mir, wann ist Advent?

1.

Wenn die Gefangenen
aus ihren Kerkern kommen –
gezeichnet,
aber frei ...
Wenn die Wunden
der Gefolterten sich schließen
und heilen ...
dann ist Advent.

Sage mir, wann ist Advent?

2.

Wenn die Unterdrückten
ihr Recht
in die eigenen Hände bekommen
und menschlicher damit umgehen
als ihre Unterdrücker ...
Wenn das Land
denen gehört,
die es bewohnen,
und der Lohn der Arbeit
denen,
die ihn verdienen ...
dann ist Advent.

Sage mir, wann ist Advent?

3.

Wenn die Kaputten
ganz werden,
wenn die Durstenden
satt zu trinken haben,
wenn die Seher
glücklich sind und träumen ...
dann ist Advent.

Sage mir, wann ist Advent?

4.

Wenn unsere Mutter,
die Erde,
Platz hat für alle
und wir Menschen sie hüten
wie unser Kind ...

Wenn keiner mehr
sterben muss
den erbärmlichen Tod
durch Machthaber ...

DANN IST ADVENT.

FKB&UB 1979

Schein uns, erscheine uns
Stern von Bethlehem.
Geh auf über uns,
fingre deine Strahlen in unsre Nächte.
Deute uns den windigen Platz
zur Wiege unsrer Sehnsucht:
Zur Krippe, in der das Kind.

Leuchte uns ein,
dass wir in Erfahrung bringen,
welcher es ist,
der uns von uns selbst erlösen kann.

Wandere vor uns her,
damit wir uns nicht in unseren
Irrgärten verlaufen.

Beschreibe die Straßen,
die Hecken und Ecken,
dass wir helle und schnell ankommen,
sehen können und staunen,
uns entgegen beugen
dem Wunder, das uns stutzig werden lässt:

Jesus ist geboren
in Bethlehem wie überall.
Den Freund der Menschen
schaust du in einem armen Stall.
Dies Kind wird unser Bruder sein,
wird unser Leben teilen.
Dies Kind lädt uns zum Frieden ein,
wird uns aus Weisheit heilen.
Dies Kind wird uns begleiten
als Freund, der weiß was trennt,
der täglich unsre Ängste sieht
und sie beim Namen nennt.
Ein Mann, der Schwachen helfen wird,
der Armut auf sich nimmt.

Ein Mann, der Starke stören wird,
der aufdeckt, was nicht stimmt.
Jesus ist geboren
in Bethlehem wie überall.
Das Wunder,
das uns ehrlich macht,
entspringt dem armen Stall.

Schein uns, scheine klar
wie der Morgenstern,
wie der Abendstern. –

Uns werden Lichter aufgehen,
die uns erkannt haben,
erkennen lassen
in welchen Gestalten das Kind,
Wunder-Rat,
Gott-Held, Ewig-Vater,
Friede-Fürst ankommt.

1975 / 2009

SAGT ES LEISE WEITER,
sagt allen, die sich fürchten,
sagt ihnen leise:
Fürchtet euch nicht,
habt keine Angst mehr.
Gott ist da.
Er kommt in unsre Welt:
Einfach, arm, menschlich. –
Sucht ihn,
macht euch auf den Weg.
Sucht ihn nicht hinter den Sternen,
nicht in Palästen,
nicht hinter Schaufenstern.
Sucht ihn dort, wo ihr arm seid,
wo ihr traurig seid und Angst habt.
Da hat er sich verborgen.
Da werdet ihr ihn finden – wie einen Lichtschein
im düsteren Gestrüpp,
wie eine tröstende Hand,
wie eine Stimme, die leise sagt:
Fürchte dich nicht.

PH 1975

Selig seid ihr,
wenn ihr einfach lebt.
Selig seid ihr,
wenn ihr Lasten tragt.
Selig seid ihr,
wenn ihr lieben lernt.
Selig seid ihr,
wenn ihr Güte wagt.
Selig seid ihr,
wenn ihr Leiden merkt.
Selig seid ihr,
wenn ihr ehrlich bleibt.
Selig seid ihr,
wenn ihr Frieden macht.
Selig seid ihr,
wenn ihr Unecht spürt.

FKB&PH 1979

Seht euch die Männer an:
Sie gickeln wie die Hähne.
Sie prahlen wie die Schwäne.
Sie zanken wie die Spatzen.
Sie rauben wie die Katzen:
Sie kommen nicht zum Kinderspiel.

Seht euch die Frauen an:
Sie gackern wie die Hennen.
Sie putzen wie die Bienen.
Sie zieren sich wie Raupen.
Sie turteln wie die Tauben:
Sie kommen nicht zum Kinderspiel.

Seht euch die Kinder an:
Sie lieben diese Tiere.
Sie suchen eigne Rollen.
Was meint ihr denn, wie sollen
die abgeguckten Spiele
viel anders als die unsren sein.

Seht euch den Jesus an:
Er nimmt vor allen Großen
ein Kind in kurzen Hosen.
Herzt es in seinen Armen
und haucht ihm seinen warmen,
den Himmelsatem, zärtlich ein.

Seht euch dies Balg gut an!
So spricht er zu den Alten,
ganz ernst, dass sie's behalten:
Empfangt im Spiel wie Kinder
das Gottesreich auf Erden,
denn anders kommt ihr nicht hinein.

FKB&PH 1987

Sieh: sie ziehen auf den Straßen
dieser beutegeilen Zeit.
Wie sie fliehen – grau vor Hunger,
leere Augen, fades Kleid.
Landbesitzer dingen Wachen
und die machen manchmal tot.
Ach du Gott, wohin mit uns?
Unsre Hoffnung kümmert,
flackert, ist bald kalt.

Gerade darum werd' ich immer wieder singen
meinen hellen Traum im Morgen:
Die Geschundenen sind frei.
Gerade darum werd' ich immer weiter kämpfen:
‚Wie im Himmel so auf Erden'
soll der Traum sein der Weg.

Ihre Lunge schreit zum Himmel.
Doch die satt sind, stört das nicht.
Viele Seher warnen lauter.
Nur, das fällt nicht ins Gewicht.
Caterpillar frisst sich weiter,
frisst bald alles, frisst noch mehr. –
Herrschaft! Teilt das Land mit uns.
Auch wir Nummern wollen
eure Partner sein.

Diese traumhaft schöne Erde
räumt noch Platz für alle ein.
Deine Spur im Universum
kann ein Wurf der Güte sein:
Wo wir machen, ernten, teilen,
wo der Reis der Armen reift,
Mensch, da geht die Türe auf!
Und es scheint uns so was
wie Gerechtigkeit.

1990

Sind wir frische Triebe am alten Stamm?
Wir sind junge Triebe am alten Stamm! Eja!
Sind wir frische Liebe vom alten Gott?
Wir sind junge Liebe vom alten Gott! Eja!

Wir kämpfen zäh auf langen Straßen,
in Fabriken, Märkten, Gassen,
in Favelas, überall um unser Land.
Wir feiern Menschen, die vertrauen,
und mit uns am Morgen bauen,
der uns endlich wieder hergibt unser Land. Eja!

Amelia, Tais, Marie, Oneide,
unsre Frauen, unsre Bräute
wollen aufrecht gehen, frei in ihrem Land.
Die stillen Opfer ihrer Liebe
nähren unser Recht auf Frieden,
stärken unsre Hoffnung auf ein freies Land. Eja!

Hört: Unsre Kinder wollen lachen,
unsre Alten wollen träumen,
nicht mehr weinen um das ausgeraubte Land.
Drum spielt den Zerrwanst, streicht die Geigen:
Nimmer werden wir uns beugen!
Unverdorbne Kinder braucht das reiche Land. Eja!

1990

So wie aus vielen Körnern –
geerntet, gemahlen, geknetet und gebacken –
wird ein Laib Brot,
so wie aus vielen Trauben –
gelesen, gekeltert und gegoren –
wird ein reifer Wein:
Hunger und Durst zu stillen.
So wandle unsere Mühe
in wohltuende Gaben zum Leben.

1985

Spielt nicht mehr die Rolle,
die man euch verpasst,
schminkt nicht eure Masken,
bis der Tod euch fasst.

Springt ihm von der Schippe,
macht euch unbekannt,
sucht das eigne Leben,
nehmt euch in die Hand.

Leben, Leben wird es geben,
Leben, Leben vor dem Tod.

Lernt euch unterscheiden,
gebt euch endlich frei,
nur beschränkte Köpfe
woll'n das Einerlei.

Achtet andre Farben,
hütet euch vor Krieg,
lasst das Missionieren,
Frieden heißt der Sieg.

Frieden, Frieden wird es geben,
Frieden, Frieden vor dem Tod.

Mensch, du hast die Zukunft
noch in deiner Hand,
spiel nicht mit dem Feuer,
bist genug gebrannt.

Wasch das Bild der Erde
frei von Blut und Not,
dass sie Heimat werde,
schön und unbedroht.

Hoffnung, Hoffnung wird es geben,
Hoffnung, Hoffnung vor dem Tod.

FKB&PH 1975

TEILEN WIR UNS UNSER BROT,
teilen wir uns auch die Arbeit,
trinken zusammen vom Wein,
wohnen gemeinsam im Garten.
Teilen wir unseren Hunger,
lindern wir so unser Elend:
/: säen wir blühendes Leben und
ernten mit allen die Früchte von Gott. :/

Sieh, wie dein Glauben
die Berge in Täler verrückt.
Sieh, dass dein Handeln dann
Arme wie Reiche beglückt:
/: Teilt euch den einen Laib Brot,
teilt euch den einen Krug Wein. :/

Rauben die einen sich Land,
sitzen die andren in Asche;
horten die einen ihr Geld,
zahlen die andren die Zinsen.
So wächst im Volke Gewalt,
so wächst weltweit der Hunger:
/: stirbt uns die blühende Erde
und säen wir alle den gottlosen Tod. :/

Teilen wir uns unser Brot,
teilen wir uns auch die Arbeit,
trinken zusammen vom Wein,
wohnen gemeinsam im Garten.
Teilen wir unseren Hunger,
lindern wir so unser Elend:
/: säen wir blühendes Leben und
ernten mit allen die Früchte von Gott. :/

1997

UND DER BRUNNEN IST TIEF,
lebendiges Wasser,
kostbarer Wein.
Der mit dir redet, bin ich.
Und der Brunnen ist tief,
lebendiges Wasser,
kostbarer Wein,
du bist rein,
du kannst sein,
du bist rein,
du kannst sein.

1987

VIELE SIND WIR HIER,
ein jeder hört auf seinen Namen.
Einig werden wir in dir,
ein Glücksfall bist du,
darum: Amen.

Ehrbar sind wir hier,
ein jeder hängt an seinem Namen.
Gütig werden wir in dir,
erlösend bist du,
darum: Amen.

Eitel sind wir hier,
ein jeder träumt von seinem Namen.
Nüchtern werden wir in dir,
befreiend bist du,
darum: Amen.

Fremde sind wir hier,
ein jeder schwört auf seinen Namen.
Freunde werden wir in dir,
verbindend bist du,
darum: Amen.

Viele sind wir hier,
wir alle singen deinen Namen.
Gott in Christus, wir in dir.
Ein Glücksfall bleibst du.
Amen. Amen.

1984 / 2009

WAS TOT IST,
müssen wir begraben.
Auch das, was lebt,
gehört uns nicht.
Wir geben weiter,
was wir haben.
Blast es nicht aus,
das Lebenslicht.

Was schwach ist,
lassen sie vergraben.
Was unterliegt,
das stört sie nicht.
Sie rauben, bis sie
alles haben,
und so verlischt
das Lebenslicht.

Was fremd ist,
lassen sie vergasen,
das etwas abweicht,
gibt es nicht.
Sie säubern alles,
schöner Rasen.
Die falsche Art
darf nicht ans Licht.

Was tot ist,
müssen wir begraben.
Auch das, was lebt,
gehört uns nicht.
Wir geben weiter,
was wir haben.
Blast es nicht aus,
das Lebenslicht.

FKB&PH 1979

Wegwerfdosen
Plastikbäume
Plastikrosen
Wegwerfträume

Wegwerfgesicht
Fertigbau
Fertiggericht
Wegwerffrau

Wegwerfsarg
Dopingrenner
Dopingstark
Wegwerfmänner

Wegwerfblusen
Hormonrinder
Hormonbusen
Wegwerfkinder

Wegwerfbrot
Nuklearwolke
Nukleartod
Dem Wegwerfvolke

FKB&PH 1979

Wer hat die stärkren Muskeln
Ich oder du?
Wer hat den größren Penis,
ich oder du?
Wer hat die vollen Brüste,
ich oder du?
Wer zeugt die bessren Kinder,
ich oder du?
Wer erbt das Land der Väter,
ich oder du?

Wer fährt die schwersten Wagen,
ich oder du?
Wer baut die höchsten Türme,
ich oder du?
Wer hat die dicksten Konten,
ich oder du?
Wer führt die Supermärkte,
ich oder du?
Wer herrscht im Land der Kinder,
ich oder du?

Wer hat den meisten Einfluss,
ich oder du?
Wer hat den größten Sprengkopf,
ich oder du?
Wer hat die Rohstoffquellen,
ich oder du?
Wer steht im stärksten Bündnis,
ich oder du?
Wer sichert sich den Weltraum,
ich oder du?

Wer gewinnt,
ich oder du?
Wer verliert,
ich oder du?
Wer ist der Größte,
ich oder du?
Entweder
ich.
Oder
du.

FKB&PH 1979

WENN ES SO WEIT SEIN WIRD
mit mir,
brauche ich den Engel
in dir.

Sing ein Lied vor dich hin,
das ich mag,
und erzähle, was war
manchen Tag.

Zünd ein Licht an, das Äng-
ste verscheucht.
Mach die trockenen Lip-
pen mir feucht.

Wisch mir Tränen und Schweiß
vom Gesicht,
der Geruch des Verfalls
schreck dich nicht.

Halt ihn fest, meinen Leib,
der sich bäumt,
halte fest, was der Geist
sich erträumt.

Spür das Klopfen, das schwer
in mir dröhnt,
nimm den Lebenshauch wahr,
der verstöhnt.

Wenn es so weit sein wird
mit mir,
brauche ich den Engel
in dir.

FKB&PH 1979

WIE SICH EINE KRANKE KATZE
ins Heu verkriecht,
muss ich mich wegmachen
von euch.
Ins Dunkle, Warme
muss ich mich verstecken.
Wo mich kein Anruf erreicht,
wo mich kein Termin
mehr finden kann.

Lasst mich in Ruhe.
Kommt erst gar nicht rein.
Ich will mich vergessen.
Ich will schlafen,
weg sein –
bis ich wieder Kraft spüre.
Das wird dauern.

Stell mir eine Flasche Wasser hin.
Dann lass es gut sein.

1977

Wir betrachten die Zeit unseres Lebens,
die vielen Tage und Jahre,
Räume des Spielens und Lernens,
des Arbeitens und Ausruhens;
Augenblicke wesentlicher Entscheidungen,
Stunden der Freude über Gelungenes,
Momente in Unsicherheit,
Nächte in Angst und Schuld,
Zeiten erlebten Segens,
heilender Güte.

Gott beugen wir uns entgegen,
du setzt, erfüllst, bemisst unsere Zeit:
Dir vertrauen wir uns an.

Wir betrachten die Weite
wie die Vielfalt der Welt,
in der wir uns bewegen:
die Orte,
in denen wir zu Hause waren,
die Plätze,
die wir bewohnen und bewohnt haben;
die Straßen und Wege,
die wir gehen, gingen und reisten –
staunend über Neues wie Fremdes,
erschüttert von Zerstörtem,
zufrieden in Anfängen,
gespannt in Erwartung,
gelassen im Getanen.

Gott beugen wir uns entgegen,
du setzt, erfüllst, bemisst unsere Zeit,
gibst uns Heimat in deinem ewigen Haus:
Dir vertrauen wir uns an.

Wir erinnern die vielen Menschen,
die uns begleitet haben und begleiten:
Angehörige, Freundinnen, Freunde,
Mitarbeiter, flüchtig Bekannte,
Kinder, Junge, Alte;

solche, die uns forderten, fordern,
solche, die auf uns warteten, warten,
solche, die mit uns stritten, streiten:
fast vergessene Gesichter,
tief eingeprägte Gestalten –
die lange Reihe
Lebender wie Gegangener,
deren Anblick uns wohltut
oder auch in Frage stellt.

Gott beugen wir uns entgegen,
du setzt, erfüllst, bemisst unsere Zeit,
du befreist uns
und hältst uns beieinander:
DIR VERTRAUEN WIR UNS AN.

Wir beten für ______________,
wünschen,
dieser Festtag schmecke ihr
in Geborgenheit, Freude, Dank
und ernähre sie,
dass sie gelassen weiter geht –
des Segens gewiss
und anderen ein Segen:
reich in CHRISTUS
und seiner Liebe vertrauend.
Wir beten für ______________,
für uns,
die wir hier sind wie für die,
die nicht kommen können:

Gott beugen wir uns entgegen,
du setzt, gestaltest, bemisst unsere Zeit,
erfüllst unser Leben und du hebst es auf:
DIR VERTRAUEN WIR UNS AN.

FKB&PH 1966 / 2008

WIR FASSEN UNS EIN HERZ.
Wir kommen euch entgegen.
– FÜRCHTE DICH NICHT. –
Wir kommen im Segen.

FKB&PH 1985

Wir feiern in Gottes Namen.
Im Namen des Vaters.
Im Namen des Sohnes.
Im Namen des Geistes.
Wir feiern in Gottes Namen.
Amen, so soll es sein. Amen.

Vergib uns, Vater, im Erbarmen.
Vergib uns, Christus, im Erbarmen.
Vergib uns, Schöpfer, im Erbarmen.
Im Erbarmen gib dich.
Gib dich in Erbarmen.

Ergreif uns, Vater, erhalte deine Gemeinden.
Ernähr uns, Christus, begründe deine Gemeinden.
Erleucht uns, Schöpfer, verbinde deine Gemeinden.

1982

WIR GEHEN UNSRE WEGE
und bleiben manchmal traurig stehn.
Mit uns und unsrer Kunst am Ende,
brennt unser Herz,
den Herrn zu sehn.

/: Sucht euer Leben nicht bei den Toten. :/

Wir schmieden unsre Pläne
und glauben manchmal, weit zu gehn.
Mit uns und unsrem Glück am Ende,
brennt unser Herz,
den Herrn zu sehn.

Wir träumen von Erlösung
und wagen manchmal aufzustehn.
Mit uns und unsrem Mut am Ende,
brennt unser Herz,
denn Herrn zu sehn.

Der geht mit seinen Freunden.
Er teilt mit ihnen Brot und Wein.
Für uns und unsre Zeit ein Anfang:
kehrt unser Herz
bei Jesus ein.

1974 / 2009

WIR STRECKEN UNS NACH DIR,
in dir wohnt die Lebendigkeit.
Wir trauen uns zu dir,
in dir wohnt die Barmherzigkeit.
Du bist, wie du bist:
Schön sind deine Namen.
Halleluja. Amen.

Wir öffnen uns vor dir,
in dir wohnt die Wahrhaftigkeit.
Wir freuen uns an dir,
in dir wohnt die Gerechtigkeit.
Du bist, wie du bist:
Schön sind deine Namen.
Halleluja. Amen.

Wir halten uns bei dir,
in dir wohnt die Beständigkeit.
Wir sehnen uns nach dir,
in dir wohnt die Vollkommenheit.
Du bist, wie du bist:
Schön sind deine Namen.
Halleluja. Amen.

1984

WIR SIND GLÜCKLICH,
diesen Tag zu erleben.
Wir danken
für die LIEBE, die uns aus
vielen Gesichtern anblickt,
für den FRIEDEN, der sich
immer wieder bei uns einfindet,
für die HOFFNUNG,
die uns weckt,
dass wir uns aufmachen
in den nächsten Tag.

Wir danken für Gesundheit,
ebenso für Krankheit,
die wir überstanden haben;
für die stete Mühe und Arbeit,
weil sie uns ran hält;
für das täglich zubereitete Essen
und den kostbaren Schluck,
der die Feiertage festlich macht.

Für Freunde und Freundinnen, die Raren,
auf die wir uns blind verlassen können;
für meine Frau / für meinen Mann:
für die Jahre, die vielen,
die wir miteinander teilen –
dafür danken wir aus Herzensgrund.
Wir freuen uns,
Lebendiger, der Kinder
und bleib bei uns in deiner Güte.

Lass sie walten.
Entlaste uns von heimlichem Groll,
diesem krächzenden Vogel.
Lass uns die Gnade und die Kraft,
geduldig zu ertragen,
was wir nicht ändern werden.

Gib uns,
die wir immer noch fuchtig werden,
die großzügige Neigung,
Ärger, der uns aufbringt, einzufangen
und in die Luft zu werfen,
dass er verfliegen kann.

Lass uns,
die wir selbst gedankenlos
und vergesslich werden,
die Dummheit anderer weise überlisten.
Die eigene Dummheit ebenso.
Hauch uns Mut und Lebensfreude ein.
Lass Erfahrungsschätze aus unseren Augen
freundlich aufleuchten.
Erhalte uns unsre Freundinnen und Freunde.

Segne,
wenn es dir gefällt,
unser Tun und Lassen.
Gib uns die Gnade und die Kraft,
tapfer zu bleiben in Enttäuschungen,
gemäßigt im Zorn,
gefasst, wenn Unglück uns trifft,
stark in Heimsuchungen,
treu in der Liebe –
bis wir die Augen zumachen für immer.

Deiner bedürftig
wie der Ton der Hand des Schöpfers,
die Windmühle des Windes,
das Kind der Liebe seiner Eltern
bitten, beten wir bei allem,
was auf uns zukommt:
Bleibe uns freundlich zugeneigt, du unser Gott.

1985

Wenn auch unsre Sprüche
noch so gut gefallen:
Unser Stolz schmilzt zusammen.

Wir treten ab,
jeder in seine Grube.
Keiner ist,
der sich Leben zukaufen kann.

Wir drängeln uns nach Posten,
liebäugeln mit Geltung und Macht
und manchmal meinen wir:
Jetzt sind wir oben.

Klug drehen wir am Leben,
dumm gehen wir ab –
wie Durchreisende.

FKB&PH 1971

WIR TAUFEN DICH IN GOTTES GEIST,
damit du deine Herkunft weißt,
damit du dich im Leben hältst,
damit du nicht ins Wasser fällst,
damit man dich beim Namen nennt,
damit dich auch kein Feuer brennt,
damit du hier zu Hause bist,
du liebes Kind, du, sei ein Christ.

2009

WUNDERE DICH, MEIN LEBEN,
wage dich, wundere
in diesem unseren,
solange du kannst, wundere
übers andere.

Wandere doch, mein Glauben,
wage mich, wandere
aus diesem unseren,
solange du kannst, wandere
aus ins andere.

Ändere dich, mein Sehnen,
wäge dich, ändere
trotz diesem unseren,
solange du kannst, ändere
mit den anderen.

Wandele mich, mein Lieben,
wäge mich, wandele
aus diesem unseren,
solange du kannst, wandele
mich durchs andere.

1985 / 2009

WUNDER HÄUTEN
HEUTEN
membrane
einmalige form
spiele
ornamentaler schöne
in fugen abgestreift
bezaubern meine
witterung
tarnen
aber tausend jahre
sie selbst
sie selbst
entschlüpft sich
unbewusst sein züngelnd
geschmeidig schlängelnd
in glühend heißen
sand hin
in ein ewiges
wellen muster
ein vom wasser
gemahlenes
gemaltes
bald verwehtes
ab laufendes
queres sinn bild
wie
gott uns
kommend
entkommt

1975 / 2009

Inhaltsverzeichnis